Fajr und N

Eine Sammlung von
bedeutungsvollen Zitaten.

Geschrieben von s.hukr

Aus dem Englischen von S. Sheikh

Fajr und Noor

Salam.

Ich hoffe, dass du durch diese Worte Frieden, Weisheit und Liebe findest. Ich hoffe dieses Buch inspiriert dich dazu, dich selbst zu lieben, dich weiterzubilden und ein besserer Muslim zu werden.

Möge Allah dich zu dem führen, was am besten ist und während dessen deine Dunya und deinen Deen leicht für dich machen.

Wenn es ein Wort gibt, das du nicht verstehst, suche einfach nach der Definition des Wortes auf Google.com.

z.B. "Definiere [das Wort]"

fajrnoor.com.au

Fajr und Noor

Wenn du lügst, bist du ein Feigling.

Wenn du ein Mann ohne Verantwortung
bist, bist du noch ein Junge.

Wenn du denkst Geld wird dich glücklich machen,
bist du ein Idiot.

Wenn du den Tod fürchtest, bist du nicht bereit,
deinem Herrn zu begegnen.

s.hukr

Fajr und Noor

Der Tod hatte an dich gedacht,
aber dachtest du an den Tod?

s.hukr

Fajr und Noor

Fünf mal zu beten ist keine Wahl, es ist obligatorisch, es ist Pflicht, es ist Frieden.

Du bist rechenschaftspflichtig und du wirst dafür verantwortlich gemacht.

s.hukr

Fajr und Noor

Wir sind keine Engel, aber wenn wir den
Weg der Rechtschaffenheit nachgehen,
werden wir nur dann besser als die Engel.

s.hukr

Fajr und Noor

Gott ist so treu, dass er deine Pläne
zerstören wird, bevor sie dich zerstören.

s.hukr

Fajr und Noor

Erschaffe dir täglich eine Bindung
zum Quran. Lese, verinnerliche,
verstehe, rezitiere und studiere die
Worte deines Herrn.

Auch wenn es täglich ein paar Zeilen sind
oder eine vollsätndige Juz oder Tafseer.

Gehe nicht schlafen, bevor du keine Beziehung zu
Gottes Worten
aufgebaut hast.

s.hukr

Fajr und Noor

Shukr ist wenn du auf die
Armen, nicht auf die Reichen schaust.

s.hukr

Fajr und Noor

Öfters sind wir bereit Freunde und Familie mit unserem Vermögen zu beeindrucken, indem wir mit Marken wie Gucci, LV und Rolex flexen, aber wann möchten wir dem Allmächtigen gefallen, indem wir spenden?

s.hukr

Fajr und Noor

Die Qualität des Segens liegt in shukr.
Je dankbarer du bist, desto gesegneter
bist du.

s.hukr

Fajr und Noor

Wenn du den Islam wirklich liebst,
wappnest du dich mit der Sunnah,
bewunderst den Propheten und bist
begierig deinen Herrn zu treffen.

s.hukr

Fajr und Noor

Eine Frau im Islam wird wie eine
Königin behandelt, nicht weniger.

s.hukr

Fajr und Noor

Du kannst die materialistischen Dinge,
die Weiber und das Teufelsgeflüster haben.

Aber ich möchte Allah, meine Königin
und einen echten Zweck hinterlassen,
bevor ich gehe.

s.hukr

Fajr und Noor

Dein Verstand wird dir alles glauben,
was du ihm erzählst.

Fütter ihm Glaube, fütter ihm Wahrheit,
fütter ihm die Liebe zum Islam.

s.hukr

Fajr und Noor

Meine Liebe zu dieser Welt ist so vergänglich, wie diese Welt für mich. Aber meine Liebe zu dir ist ewig, so wie du es für mich bist.

s.hukr

Fajr und Noor

Das halal haram Verhältnis sollte nicht normalisiert werden. Du kannst nicht mit Allah und Shaytan gleichzeitig Händchen halten.

s.hukr

Fajr und Noor

Filter und Make-up lassen dich perfekt aussehen, aber   ich möchte mich in deine Imperfektion verlieben.

s.hukr

Fajr und Noor

Die Engel sind perfekt und doch hat
Allah sie uns untergeordnet.

Hast du dich jemals gefragt, warum?

s.hukr

Fajr und Noor

Wenn wir im Leben wichtige Entscheidungen zu treffen haben. Sollten wir als allererstes nach der Rechtleitung Allah's suchen. Weil Er weiss, was das absolut Beste für uns ist.

s.hukr

Fajr und Noor

Fajr:

Die ganze Welt schläft, bis auf
die Liebenden, die wach bleiben
und Gott Geschichten erzählen.

s.hukr

Fajr und Noor

Es sollte nicht sein.
Du verpasst nichts.

Allah hat andere Pläne für dich.

s.hukr

Fajr und Noor

Das Leben in dieser Welt wird jedes
Mal langweilig, wenn ich anfange,
über das Paradies zu lesen.

s.hukr

Fajr und Noor

Allah macht die Nacht zum Tag,
warum sollte er nicht auch Erschwernis
in Glück umwandeln können?

s.hukr

Fajr und Noor

Du strebst nach dem Vergnügen dieser Welt, in Versuchung den glamourösen Höhepunkt zu erreichen, den wir alle sehen und hören. Dabei vergisst du den Zustand deiner Seele, die das Grab betreten wird und nach den **Glauben** befragt wird.

s.hukr

Fajr und Noor

Wenn ein Mann dich nicht im **Salah** führen kann,
Wie kann er dich im Leben führen?

s.hukr

Fajr und Noor

Jungs, die mit ihren Müttern
und Schwestern am Besten umgehen,
werden die besten Ehemänner abgeben.

s.hukr

Fajr und Noor

Die Antwort auf deine

Dua kommt nie zu spät.
Sie ist immer pünktlich.

s.hukr

Fajr und Noor

Allah ohne Mensch ist immer noch Allah,
aber ein Mensch ohne Allah ist nichts.

s.hukr

Fajr und Noor

Unter dem Schleier bin ich sichtbar,
aber ohne ihn bin ich verborgen.

s.hukr

Fajr und Noor

Mein Herz mag jeden Tag dreckig werden, aber ich bereue jede Nacht.

s.hukr

Fajr und Noor

Ich bin ein Mensch. Ich bin schwach.
Ich bin alles andere als perfekt.

Ich mache Fehler.

Aber solange ich Gott
gegenüber aufrichtig bleibe,
wird mein Ziel
das Paradies sein.

s.hukr

Fajr und Noor

Wenn du Allah hast, wie kannst du
dich dann jemals einsam fühlen?

s.hukr

Fajr und Noor

Reue frisst dich auf, eine
Bestrafung von dir selbst.

Vergib dir selbst, bevor du
dich selbst ruinierst.

s.hukr

Fajr und Noor

Wenn er keine Beziehung zu
Allah aufrechterhalten kann,

wie wird er eine Beziehung mit
dir aufrechterhalten?

s.hukr

Fajr und Noor

Behandelt eure Eltern mit Freundlichkeit und
Liebe, eure Kinder werden beobachten und lernen
und euch genauso behandeln.

s.hukr

Fajr und Noor

Diejenigen, die **Jannah** nicht wollen.

Lass sie schlafen, nur Allah kann ihnen helfen.
Aber vergiss nicht, ihre Namen in deinen Duas zu
erwähnen.

s.hukr

Fajr und Noor

Jeder einzelne Mensch, auf dieser Erde
hat das Potenzial **Jannah** zu erreichen. Manche
versuchen es nur nie.

s.hukr

Fajr und Noor

Manche lieben mich,
Manche hassen mich.

Wem interessiert das?
Allah ist mit mir.

s.hukr

Fajr und Noor

Edelsteine halten sich verborgen, sie sind rein, unbezahlbar und schön.

Du bist der Edelstein.

s.hukr

Fajr und Noor

Behandle jeden mit Respekt und Würde, trotz der Unterschiede in Kultur, Religion, Rasse oder Geschlecht.

Letzendlich sind wir alle Menschen.

s.hukr

Fajr und Noor

Du hast Augen, aber du bist blind.
Lerne mit deinem Herzen zu sehen.

s.hukr

Fajr und Noor

Mache dir keine Sorgen, ob du nach links oder rechst, nach oben oder unten gehst, gehe einfach weiter, versuche dein Bestes.

Am Ende des Tages, bitte um Allah's Rechtleitung und gehe weiter.

s.hukr

Fajr und Noor

Islam lehrt uns, das Beste im
Menschen zu sehen,
doch wir urteilen im
Handumdrehen.

Warum tun wir das?

s.hukr

Fajr und Noor

Die Lösung unserer Probleme wurde uns bereits vor **1400 Jahren** vorgestellt, doch unsere Kultur neigt dazu, sie im Bücherregal verstauben zu lassen, ansattt sie zu verstehen und anzuwenden.

s.hukr

Fajr und Noor

Hasse, was falsch ist, aber hasse nicht denjenigen,
der Fehler macht.

Kritisiere die Rede, aber respektiere
den Redner. Töte die Krankheit,
nicht den Patienten.

s.hukr

Fajr und Noor

Während jeder sich wünscht
König oder Königin zu werden,
wartet der König aller Könige
auf unseren Anruf.

s.hukr

Fajr und Noor

Frauen, die Männer als Abschaum bezeichnen, sind genauso ein **Abschaum**.

s.hukr

Fajr und Noor

Wie dumm bist du geworden, deine Salah
für diese vorrübergehende Dunya zu
vernachlässigen?

Steh auf, ich kann nicht zusehen, wie du dir selbst
schadest. **Steh auf,** mache wudu, ich warte auf
dich…

How foolish have you become to leave
your Salah for this temporary Dunya?

Get up, I can't bear to see you harm yourself.
Get up, make wudu, I'm waiting for you…

s.hukr

Fajr und Noor

Meine Frau, vermutlich irgendwo da draussen, betet Fajr allein und denkt sich ihr Leben lang Single zu bleiben.

Tut mir leid Liebling, Allah hat uns in Paare erschaffen.

s.hukr

Fajr und Noor

Bescheiden sein ist so attraktiv.

Ich liebe Menschen, die viel tun und kein Wort
sagen.

Menschen, die einfach ihre Taten für sich sprechen
lassen und sich zurücklehnen.
Das sind meine Lieblingsmenschen.

s.hukr

Fajr und Noor

Ich bin weder auf der linken
noch auf der rechten Seite.

Ich bin in der Mitte, Ich folge dem **Islam**, versuche
den geraden Weg zu folgen.

s.hukr

Fajr und Noor

Meine zukünftige Frau denkt wahrscheinlich, dass sie einen finanziell stabilen König heiraten wird.

Sorry boo, ich wurde gerade gekündigt,
schrei mich nicht an.

s.hukr

Fajr und Noor

Für einige ist **Islam** nichts ausser
Regeln und Vorschriften,
halal und haram.

Aber für die, die es verstehen ist es die perfekte
Vision vom Leben,
ein gerader Weg, der zum
Paradies führt.

s.hukr

Fajr und Noor

Das eigentliche Problem ist
nicht die Religion.

Vielmehr ist es der Mangel an Wissen
oder die mangelnde Anwendung
dieses Wissens, die bedrückt.

s.hukr

Fajr und Noor

Die Sorgen haben ein Ende wenn Du deinen Tag mit Fajr beginnst und mit Isha beendest.

s.hukr

Fajr und Noor

Ich sehe Männer und Frauen, die miteinander konkurrieren. Wie dämlich seid ihr geworden; ihr seid nicht gleich.

Vielmehr wurdet ihr erschaffen, um sich gegenseitig zu **ergänzen**.

s.hukr

Fajr und Noor

Muslimische Jungs wollen ihren
Bart tragen, aber nicht die Salah beten.

Bruder, du machst dir Sorgen
um die falsche Verbindung.

Muslimische Mädchen verpassen ihre Salah, weil sie
Make- Up tragen und kein Wudu machen können.

Schwester, du machst dir Sorgen
um die falsche Basis.

s.hukr

Fajr und Noor

Die Bindung zwischen Männern und Frauen ist das Fundament der Gesellschaft.

Der Zustand dieser Bindung steht im direktem Zusammenhang mit dem Zustand der Gesellschaft selbst.

s.hukr

Fajr und Noor

Diejenigen, die dich mehr lieben
als Allah, werden blind.

s.hukr

Fajr und Noor

Bemühe dich bewusst,
jeden Tag muslimisch zu sein.

s.hukr

Fajr und Noor

Männer bewundern mich und Frauen
wollen mit mir zusammen sein,

aber ich bewundere das Leben des Propheten und
sehne mich nach ewigem Glück.

s.hukr

Fajr und Noor

Du kannst dein Reichtum nicht ohne Gesundheit geniessen, also vernachlässige deinen **Körper** und deinen **Verstand** nicht.

Helfe dir selbst. Wenn du das nicht kannst, suche Kraft bei Allah.

s.hukr

Fajr und Noor

Unser Prophet hat gekocht, geputzt
und den Müll rausgebracht.

Er behandelte seine Frauen nicht wie
Dienstmädchen. Er behandelte
sie wie Partner.

Sei wie Muhammad.

s.hukr

Fajr und Noor

Beziehungen, die aus einer
'Freundin' oder einem 'Freund'

bestehen oder ausserhalb des Bereichs der Ehe
liegen, sind im Islam verboten.

Wir glauben an **Verbindlichkeit** und **Ehre**.

s.hukr

Fajr und Noor

Wenn Gebete unbeantwortet bleiben, denken wir dann jemals darüber nach, dass es vielleicht zu unserem Gunsten ist?

Vielleicht wirst du Allah eines Tages dankbar sein, dass er dir nicht alles gegeben hat, wofür du gebetet hast.

s.hukr

Fajr und Noor

Hijab ist für den Körper.
Haya ist für die Seele.

s.hukr

Fajr und Noor

Im Islam

Hijab ist fard,
Salah ist fard,
Zakat ist fard.

s.hukr

Fajr und Noor

Nie hatte ich mit etwas Schwierigem zu kämpfen
als mit meiner eigenen Nafs,

die mir manchmal hilft und sich mir manchmal
widersetzt.

s.hukr

Fajr und Noor

Ein wahrer Muslim lästert nicht,
verbreitet keine falschen Gerüchte
oder denkt schlecht über jemanden.

Vielmehr behandelt er jeden mit Respekt, Würde
und sieht das Beste im Menschen, unabhängig von
ihrer Hautfarbe, ihrer Religion oder ihres
Geschlechts.

s.hukr

Fajr und Noor

Lerne deine Gelüste zu kontrollieren, lass deine Gelüste nicht dich kontrollieren.

Sei der **Herr** über deine Seele,
nicht der **Sklave**.

s.hukr

Fajr und Noor

Nicht jeder verdient es deine
Persönlichkeit zu sehen.

Lass sie denken, du seist trocken.
Wen ineteressiert das schon?

s.hukr

Fajr und Noor

An alle meine Brüder, die darum kämpfen, sich einen Bart wachsen zu lassen:

Hab Hoffnung, Bruder.

Wenn Tanten es können, kannst du es auch.

s.hukr

Fajr und Noor

Die Liebe eines Bruders beschützt dich immer.

Die Liebe einer Schwester folgt dir immer.

s.hukr

Fajr und Noor

Du strahlst anders, wenn du
deinen Tag mit **Fajr** beginnst.

s.hukr

Fajr und Noor

Ramadan, Ich vermisse dich.

s.hukr

Fajr und Noor

Nur weil jemand Unrecht tut, heisst nicht,
dass du einem anderen Unrecht antust.

s.hukr

Fajr und Noor

Das Leben ist wie eine bittere Tasse Tee. **Iman,
Salah** & **Sabr** sind die
Zuckerwürfel.

Der Löffel liegt in deiner Hand.
Du kontrollierst die **Süsse**.

s.hukr

Fajr und Noor

Muslim zu sein ist kein Label,
es ist eine **Verantwortung**.

Islam ist nicht nur eine Religion,
es ist ein **Lifestyle**.

Quran ist nicht nur ein Buch,
es ist **die Botschaft Gottes**
an die Menschheit.

s.hukr

Fajr und Noor

Kummer, der dich zu Allah zurückführt,
ist besser als Glück, welches dich
von ihm wegführt.

s.hukr

Fajr und Noor

Wer bist du, der jemanden blosstellt,
während Allah ihre Sünden verborgen hält?

s.hukr

Fajr und Noor

Ich wurde im Westen geboren,
aber durch den **Adhan**, verliebte
ich mich in den Osten.

s.hukr

Fajr und Noor

Warte nicht darauf, dass jemand
dir Blumen bringt.

Pflanze deinen eigenen Garten und verschönere
deine eigene Seele.

s.hukr

Fajr und Noor

Du musst lernen, Allah zuerst zu lieben
bevor du lernst, mich zu lieben.

s.hukr

Fajr und Noor

Sie existiert.

Sie ist ehrgeizig, aber geduldig.

Sie ist gebildet und aufgeschlossen.
Sie lästert nicht oder ist hinterhältig.
Sie geht nicht mit Jungs aus.
Sie bezeichnet Männer nicht als Abschaum, Sie ist bescheiden und rein.

Sie ist eine **Königin**.
Ja, sie existiert.

s.hukr

Fajr und Noor

Solange du Allah hast,
wirst du dich niemals allein fühlen.

Die Engel werden dir immer
Gesellschaft leisten.

s.hukr

Fajr und Noor

Der Prophet lebte ein einfaches Leben.
Er war nicht arm, sein Herz war das
Reichste unter uns allen.

s.hukr

Fajr und Noor

Liebe dich genug, um zu wissen, dass
du das Paradies betreten wirst. Aber Vorsicht, zu
viel Selbstliebe
macht dich egoistisch.

s.hukr

Fajr und Noor

Hör auf dich über Dinge zu sorgen,
die du nicht kontrollieren kannst.

Mach Dua und überlasse
den Rest an Allah.

"Binde das Kamel fest und
vertraue dann auf seinen Plan."

s.hukr

Fajr und Noor

Das erste Bündnis zwischen den Menschen war die Ehe, zwischen Mann und Frau, es wurde von Allah geschlossen.

s.hukr

Fajr und Noor

Zwinge deiner Familie den Islam nicht auf. Zeige ihnen vielmehr die Schönheit des Islam durch dein Handeln.

s.hukr

Fajr und Noor

Manche von uns bleiben lange auf, unterhalten den
Teufel, Und einige von uns bleiben lange auf, reden
zu Gott.

Welcher bist du?

s.hukr

Fajr und Noor

Denke daran, dass wenn Gott alle von dir
weggeschickt hat, dann nur, damit du mehr Zeit
mit ihm verbringen kannst.

s.hukr

Fajr und Noor

Mein sicherer Ort ist **Fajr**.

Die Welt schläft, ausser
für dich und mich.

s.hukr

Fajr und Noor

Wenn ein Mensch sich Allah nähert und
aufrichtiger wird, wird er auch weiser und
friedlicher. Er wird ruhig, freundlich und gelassen.

Leute fangen an, sie als eine "alte Seele"
zu beschreiben. Und das ist wahr, denn sie kehren
zu ihrer ursprünglichen Seele zurück.

Die Seele, die vor Allah Stand in einem anderen
Reich, vor langer Zeit und
sagte, **"Ja ich glaube"**.

s.hukr

Fajr und Noor

Sag mal!

Wie kannst du dich allein fühlen, wenn du Allah näher hast als deine Halsschlagader?

s.hukr

Fajr und Noor

Die Liebe existiert.
Die Liebenden auch.

Aber die meisten von uns haben nicht
das Glück mit ihren Seelenverwandten zusammen
zu sein.

Ein ganzes Leben lang verliebt zu sein,
ist ein Luxus, den man mit Geld nicht
kaufen kann.

s.hukr

Fajr und Noor

Alles braucht seine Zeit. Weder blüht die Rose vor ihrer Zeit, noch geht die Sonne vor ihrer Zeit auf.

Sabr, was dir gehört, wird dich finden!

s.hukr

Fajr und Noor

Halte nicht mit Komplimenten zurück!

Es könnte den Tag von jemanden versüssen,
während du dir die gute Tat verdienst.

s.hukr

Fajr und Noor

**Jeder Mann ist männlich,
aber nicht jeder männliche ist ein Mann.**

Viele sind noch Jungs, die noch nicht
das Mannsein erreicht haben.

Echte Männer haben keine Angst vor dem Tod, sie
sind Krieger in jeder Schwierigkeit, die sie
begegnen.

Sie lassen sich nicht von
Wut und Zorn auffressen.

Sie sind geeignet Führer zu sein,
sie tragen Wissen in sich.

Ihre Zungen sind süss genug, um eine Stadt aus
Gold zu zerschmelzen und ihre Herzen sind stark
genug, um einen Berg aus Gold zu tragen.

Sie sind aufrichtige Männer, die für das Jenseits
leben und nicht für diese Dunya.

s.hukr

Fajr und Noor

I liebe ruhige und nette Persönlichkeiten.

Keinen Grund anzugeben, bleib wie du bist.
Jemand der Allah nahe steht. Kein Neid,
keine seltsame Art von Eifersucht.

Du bist wie du und ich bin wie ich und
wissen die Tatsache zu schätzen, dass wir immer
zueinander zurückfinden können.

s.hukr

Fajr und Noor

Es ist leicht, das Herz einer Frau zu erobern, wenn deine Zunge so süss wie Honig ist, duftiger als Moschus und warm genug um
eine Flamme in ihrem Herzen zu zünden.

Achte nur darauf, dass die
Flamme **nie** erlischt.

s.hukr

Fajr und Noor

Ich weiss nicht, wer das hören mag,
aber fünf mal Salah macht dich
nicht religiös, sondern zum Muslim.

s.hukr

Fajr und Noor

Es gibt Leute, die reich sind, aber keinen guten Nachtschlaf kaufen können, die weder wahre Liebe noch Freude kaufen können.

Es gibt Leute, die schön aussehen, aber ihre Unsicherheiten fressen sie hinter verschlossene Türen auf.

Es gibt Leute, die den weltlichen Erfolg haben, aber keine Zeit für ihre Kinder, ihren Partner oder ihre Eltern.

Sag **Alhamdulillah** und sei dankbar für alles, was du hast und beklage dich nicht.

Aber wenn du religiös und aufrichtig bist und dich dem Deen unterwirfst, dann hast du den Erfolg in der Dunya and Akhirah erlangt.

s.hukr

Fajr und Noor

Wenn alles was du hast halal wäre, wie
könnte das Leben dann eine Prüfung sein?

s.hukr

Fajr und Noor

Hilf anderen, damit du dir selbst helfen kannst
durch die guten Taten, die du verdienst.

s.hukr

Fajr und Noor

Hör auf mit der Angeberei
und dich mit anderen
zu vergleichen.

Sei dankbar für die
einfachen Dinge im Leben,
wie das Essen, das du hast,
die Unterkunft, die dich schützt,
die Gesundheit, die dir
gegeben wurde.

Sei dankbar und danke Gott.

Denn wenn Er wöllte,
könnte Er es innerhalb eines
Herzschlags wieder wegnehmen.

s.hukr

Fajr und Noor

Der Islam lehrt uns das Beste
in Menschen zu sehen,
warum also siehst du das
Schlechteste in anderen?

s.hukr

Fajr und Noor

Allah hat die Frauen schöner
als die Männer erschaffen.

Weshalb sie sich **bedecken**
muss und weshlab er seine
Blicke **senken** soll.

s.hukr

Fajr und Noor

Iqra!

Das Streben nach Wissen wurde
für alle Muslime zur Pflicht gemacht.

s.hukr

Fajr und Noor

Hör auf Shisha zu rauchen und den
Rauch in die Kamera zu pusten.

Es ist nicht attraktiv, Leuten zu sagen,
dass du Lungenkrebs bekommen könntest.

s.hukr

Fajr und Noor

Leute, die Fajr beten und dann einen Morgenspaziergang machen/joggen haben ihr Leben im Griff.

s.hukr

Fajr und Noor

Es ist nichts Falsches daran,
eine geschiedene Frau zu heiraten.

Es ist nichts Falsches daran
eine ältere Frau zu heiraten.

Es ist sogar, die **Sunnah**,
der Prophet hat es getan.

s.hukr

Fajr und Noor

Die Augen sind sehr schön, denn sie ermöglichen dir zu sehen. Wir halten es für selbstverständlich, so viele schöne Farben zu sehen.

Kontrast, Licht, Beleuchtung, Schatten, Tiefe, Details werden mit so hoher Präzision und so hoher Qualität gemessen, SubhanAllah.

Sie sind etwas ganz Besonderes und ein Segen von Allah. Nutze sie, um das Gute zu sehen, denn sie haben eine direkte Beziehung zum Herzen, und zur Seele, missbrauche sie nicht.

Es gibt einen Grund, warum wir unseren Blick senken. Dahinter steckt eine Weisheit.

s.hukr

Fajr und Noor

Hast du heute an den **Tod** gedacht?
Hast du heute **Alhamdulilah** gesagt?
Hast du an **Allah** gedacht?

s.hukr

Fajr und Noor

Es steckt Schönheit in jeder Rasse,
braun, schwarz, weiss, egal welche
Hautfarbe, in Gottes Augen sind wir
alle gleich, außer den Rechtschaffenen,
denn sie sind Gott näher
und geliebter.

s.hukr

Fajr und Noor

Es sind immer die bescheidenen Leute
mit denen mein Herz auskommt.

s.hukr

Fajr und Noor

Manche haben Angst vor der Höhe
und andere vor der Tiefe.

Lerne, Allah allein zu fürchten und
beobachte wie er dich über die Berge bringt.

s.hukr

Fajr und Noor

Niemand ist perfekt.
Niemand wird perfekt sein.

Aber das hindert dich nicht daran,
auf die Perfektion zuzugehen.
Auf dem Weg nach Jannah.

s.hukr

Mutter.

Gott hat Jannah unter ihre Füße gelegt, stell dir die Liebe vor, die sie in ihrem Herzen trägt.

s.hukr

Fajr und Noor

Salah ist die Lösung für alle deine Probleme und **Dua** ist, wie du mit dem Allmächtigen kommunizierst.

s.hukr

Fajr und Noor

Du bist ein verborgener Juwel, mehr wert
als Gold, Moschus und Perlen, ich würde
dir mein Herz schenken, aber du hast es bereits
genommen.

s.hukr

Fajr und Noor

Ich weiss nicht, wie du es siehst, aber ein Mädchen, das im Namen Allahs den Hijab trägt und ein Junge, der im Namen Allahs einen Bart trägt, sie wirken verdammt attraktiv.

Gott lässt **Noor** auf ihren Gesichtern erscheinen.

s.hukr

Fajr und Noor

Eine Moschee ist wie die Hauptstadt eines Landes, sie ist das Herz einer muslimischen Gesellschaft.

s.hukr

Fajr und Noor

Meine Mutter, die mir den Glauben durch ihre Liebe lehrte und Manieren durch ihr Handeln.

Ich stehe für immer in deiner Schuld.

s.hukr

Fajr und Noor

Alles ist vorübergehend.
Also, wo willst du hin?

s.hukr

Fajr und Noor

Islam verbietet keinem Mädchen
das Haus zu verlassen.

Es verlangt nur, dass sie von einem Leibwächter
(Mahram) begleitet wird,
denn so wertvoll ist sie.

s.hukr

Fajr und Noor

Behandle Menschen mit so viel Respekt
und Freundlichkeit, dass sie sich Jannah
ohne dich nicht vorstellen können.

s.hukr

Fajr und Noor

Eine türkische Liebesgeschichte

Sie: Wie magst du deinen Kaffee?
Er: Salzig.

s.hukr

Fajr und Noor

Unsere Eltern waren geduldig
als wir jung waren.

Jetzt sind wir dran geduldig
mit ihnen zu sein.

s.hukr

Fajr und Noor

Wenn du sie nicht zum Lachen oder Lächeln
bringen kannst, wie willst du sie **glücklich** halten?

s.hukr

Fajr und Noor

Selbstliebe ist keine Entschuldigung dafür,
egoistisch zu sein.

Deine persönliche Blase ist wichtig, aber das
bedeutet nicht, dass du die öffentlichen und
privaten Rechte anderer völlig ausser Acht lässt.

Vermeide Egoismus, wünsche deinem Bruder das,
was du für dich selbst wünschst.

s.hukr

Fajr und Noor

Dein Schicksal ist mit der Tinte seiner Liebe geschrieben worden und besiegelt mit seiner Barmherzigkeit.

Du bist genau da, wo er dich haben möchte. Also habe keine Angst, vertraue auf Ihn und habe Hoffnung in seinen Plan.

s.hukr

Fajr und Noor

Die besten Momente in meinem Leben schaffen es nicht in die sozialen Medien.

s.hukr

Fajr und Noor

Du bist ein starker Mann, wenn aus
Wut dein Blut kocht, aber du ruhig
bleibst und unter voller Kontrolle.

s.hukr

Fajr und Noor

Der Gedanke an die Ehe is so schön,
du lebst dein Leben mit der einen Person, der du
am meisten vertrauen kannst, jemand der immer
für dich da ist, durch dick und dünn, in der man
sich unzählige Male verliebt.

Ein bester Freund, nein, dein Seelenverwandter, der
die Hälfte deines Deen vervollständigt und zur Quelle
von Segen und Glück für dich in diesem und im
nächsten Leben wird.

s.hukr

Fajr und Noor

Wenn du jemals einen glücklichen Menschen siehst, versprich mir, dass du nicht neidisch wirst, sondern dich einfach freust, sei glücklich für sie.

Nur Gott weiss, ob diese Person vielleicht vorher geweint hat.

s.hukr

Fajr und Noor

Erlaube niemals, dass die Meinung
anderer deinen Frieden raubt,
selbst wenn es deine eigene Familie ist.

s.hukr

Fajr und Noor

Eine südländische Liebesgeschichte

Sie: Ich mag deinen Bart.
Er: Ich mag deinen auch.

s.hukr

Fajr und Noor

Wenn diese Ummah wirklich vereint wäre, könnten wir die 7 Kontinente erobern.

s.hukr

Fajr und Noor

Islam ist keine Religion, bei der man sich das heraussucht, was man will und das weglässt, was man nicht will.

Islam ist ein Gesamtpaket.

Du musst alles anerkennen und dein Bestes tun, um alle Lehren des Islam zu befolgen.

s.hukr

Fajr und Noor

Es gibt einen Palast im Himmel für jeden
Menschen, der jemals auf dieser Erde gelebt hat,
aber viele werden leer stehen, weil sie das
Unmittelbare liebten.

s.hukr

Fajr und Noor

Während du damit beschäftigt bist,
Teufels Musik zu hören.

Bin ich beschäftigt mich zu verlieben,
in Gottes Buch.

s.hukr

Fajr und Noor

Hör auf, dich mit negativen Gedanken zu füttern,
hör auf zu grübeln, hör auf über die Vergangenheit
nachzudenken.

Fokussiere dich auf die Gegenwart.

Liebe dich selbst genug, um zu wissen,
dass du das Paradies betreten wirst.

s.hukr

Fajr und Noor

Allah sagt es uns indirekt:

Hör auf zu viel nachzudenken,
hör auf, dich zu beschweren,
hör auf dich zu sehr zu stressen.
Stattdessen, solltest du mir vertrauen,
Wo ist dein Vertrauen in mich?

Ich liebe dich mehr, als du dir vorstellen kannst, ich
werde dich nicht enttäuschen.
Das ist alles, was du wissen musst.

s.hukr

Fajr und Noor

Investiere so viel Zeit, Liebe und Mühe in dich,
dass Leute dich gerne kennenlernen würden. Du
inspierierst sie schon alleine
durch deine Anwesendheit.

Sie lieben die Schönheit, die sich in deinen Augen
verbirgt, denn es ist die Seele, die Bände spricht.

s.hukr

Fajr und Noor

Wenn du das liebst, was Allah liebt, wie
wird Allah dir dann nicht gewähren
das, was du liebst?

s.hukr

Fajr und Noor

Sei aufrichtig zu dir selbst, denn
Gott schaut immer zu.

s.hukr

Fajr und Noor

Du kannst morgen jemanden treffen der bessere
Absichten für dich hat als jemand, den du schon
seit Jahren kennst, Zeit bedeutet nichts; Charakter
schon.

s.hukr

Fajr und Noor

Deine Nase hat die richtige Form. Deine
Haut hat den richtigen Ton. Deine
Lippen, Hände und Füsse, haben die
richtige Grösse.
Deine Körpergrösse ist perfekt und auch
deine natürliche Haarfarbe. Deine
Stimme ist schön, besonders wenn du
lachst.

Was auch immer du an deinem physischen Selbst
nicht magst, ist alles in deinem Verstand.

Allah hat dich erschaffen und
Er macht keine Fehler.
Lass das mal sacken.

s.hukr

Fajr und Noor

Ich hoffe, jemand hat dir gesagt
dass du wertvoller bist als
Safran, Moschus und Gold.

Und wenn du lächelst, leuchtet dein Gesicht mit
Noor, deine Augen funkeln wie Sterne am Himmel
und dein Lächeln erinnert mich an Jannah.

s.hukr

Fajr und Noor

Ist es nicht peinlich, dass du
die Texte von 100 Liedern kennst, aber
immer wieder die gleichen Suren in
deiner Salah wiederholst?

s.hukr

Fajr und Noor

Wenn du ein Muslim bist und deine
Ansichten nicht mit dem Quran und der Sunnah
übereinstimmen, dann halte bitte den Mund, ich
will es nicht hören.

s.hukr

Fajr und Noor

Gehe immer vom Besten im Menschen aus, auch wenn es nicht danach aussieht.

Behandle sie so, wie du selbst behandelt werden möchtest.

s.hukr

Fajr und Noor

Manchmal genügt es, deine Augen
zu schliessen und deiner Seele den
heiligen Quran hören zu lassen.

s.hukr

Fajr und Noor

Bruder, denke nicht daran
eine andere Frau zu haben.

Fokussiere dich darauf deine Frau so gut
zu behandeln, dass Gott dir eine weitere
haben lässt.

s.hukr

Fajr und Noor

Männer, die am besten zu ihren Frauen sind,
werden von Allah mit noch einer anvertraut.

Und wer ist dumm genug, sich Allah zu
widersetzen?

s.hukr

Fajr und Noor

Eine gläubige Frau trägt dazu bei, eine gläubige Ummah zu erziehen und eine verfluchte Frau wird eine bedauernswerte Generation hervorbringen.

So wichtig sind Frauen auf der Welt.

s.hukr

Fajr und Noor

Unterhalte die Dummen nicht.
Giess kein Öl ins Feuer.

Bleibe ruhig und still, die Flamme
wird irgendwann ausbrennen.

s.hukr

Fajr und Noor

Einige von uns wünschen sich das Beste in dieser
Dunya, aber der Rest von uns
wünscht sich das Beste im Jenseits.

s.hukr

Fajr und Noor

Salam, wie geht es dir?

I hoffe es geht dir gut. Ich wollte dir nur sagen, dass du wunderschön bist, nicht wegen deiner Hautpflege sondern, weil du begonnen hast 5 Mal zu beten.

Ich sehe Noor auf deinem Gesicht leuchten, wegen dem Wudu. Deine Seele ist glücklich, zufrieden und deine Augen sind voller Leben. Mir ist auch aufgefallen, dass du Montags und Donnerstags fastest. Mir gefällt, wie du auf deinen Körper achtest.

Du hast mit dem Rauchen aufgehört, du ernährst dich gesünder, du hast angefangen Zeit in dich zu investieren, das sehe ich. Möge Allah dich segnen.

Ich mag es, dass du dich nicht mehr streitest, du hast Bücher gelesen, oder? Wissen ist ein wunderbares Gut. Möge Allah es vermehren. Ich sehe Liebe von dir ausströmen.

Ich freue mich, dass du dich geändert hast.

s.hukr

Fajr und Noor

Ich freue mich darauf, dich in
Jannah zu treffen. Insha'Allah.

s.hukr

Fajr und Noor

Sie ist nicht auf der Suche nach einem Mann mit gutem Anmachspruch. Sie will einen Mann mit gutem Charakter, einem freundlichen & liebenden Herz. Jemanden mit sanften Worten für sie.

Ein Mann der Frauen respektiert, der treu ist. Ein Mann, der ihr Aufmerksamkeit, Zeit und Liebe schenkt.

Ein Mann, den sie bewundert… lustig, romantisch, auch fleissig und reif.

Ein Mann, der seine Wut und Lust kontrollieren kann. Ein Mann, dem sie vertrauen kann. Jemand, mit dem sie in der Dunya und Jannah zusammen sein will.

Sie ist nicht so schwer zu verstehen.
Sie will nur reine Liebe.

s.hukr

Fajr und Noor

Manchmal denke ich mir, wie es Menschen geben
kann, die besser als ich sind, was
Status, Reichtum und Schönheit angeht,
und dennoch sich beschweren...

s.hukr

Fajr und Noor

Auf den meisten muslimischen Hochzeiten,
ist das Einzige, was halal ist, das Fleisch.

Und die Leute fragen sich, warum es kein Barakat
in der Ehe gibt?

s.hukr

Fajr und Noor

Tut mir leid, ich kann keiner Zunge trauen, der es so leicht fällt zu lügen.

s.hukr

Fajr und Noor

Sei die Schulter, an der sie ihren Kopf anlehnen.
Sei der Zucker, den sie in ihrem Tee vermissen.
Sei die Person, mit der sie zusammen sein wollen.
Gib... und Allah wird dir mehr geben.

s.hukr

Fajr und Noor

Islam hat uns gelehrt, dass wir unsere Frauen mit Ehre und Respekt behandeln. Allah hat den Status der Frauen im Islam vor 1400 Jahren erhoben.

Wer zur Hölle bist du, dass du sie erniedrigst, respektlos behandelst und enterhst?

s.hukr

Fajr und Noor

Was dem Quran betrifft, so gibt es im Islam keine Sekten. Wir sind eine Ummah. Wir sind Muslime. Nicht mehr, nicht weniger.

s.hukr

Fajr und Noor

Öffne deine Augen, schau hinein. Bist du zufrieden mit dem Leben, das du führst?

s.hukr

Fajr und Noor

Gesunder Menschenverstand ist bei gewöhnlichen Menschen ungewöhnlich.

s.hukr

Fajr und Noor

Die Leute lieben dich wegen vorübergenden
Dingen wie deiner Schönheit, deinem Reichtum
und deinem Erfolg, aber mich lieben sie wegen
meines Herzens, meiner Zunge und meiner Worte.

Welches ist besser?

s.hukr

Fajr und Noor

Ein echter Mann weiss,

wie man kocht
wie man putzt
wie man liebt
wie man seinen Blick senkt
wie man Frauen respektiert

s.hukr

Fajr und Noor

Manche Menschen sehen der Erschwernis freudig entgegen, weil sie wissen, dass die Erleichterung irgendwann kommen wird.

s.hukr

Fajr und Noor

Bring dein gebrochenes Herz zu Thajjud und
offenbare es an Gott, dem der das Herz heilt.

s.hukr

Fajr und Noor

Wenn Allah dich nicht liebt, würde er dich niemals
die Tage des Ramadan fasten lassen und dessen
Nächte verbringen lassen.

Er hat dir das geschenkt, weil
Er dir vergeben wollte.

s.hukr

Fajr und Noor

Als Mensch, können wir die Weisheit hinter Allah's Plänen nicht verstehen.

Wenn du also etwas gewinnst, nimm es an. Und wenn du etwas verlierst, dann lass es sein. Du liebst nicht immer das, was das Beste für dich ist und du hasst nicht immer das, was völlig falsch für dich ist.

Vertraue auf Allah, Er weiss, was das Beste ist.

s.hukr

Fajr und Noor

Nichts bewegt meine Seele
wie die Worte von Allah.

s.hukr

Fajr und Noor

Haram bleibt **Haram,**

auch wenn die ganze
Welt es tut.

s.hukr

Fajr und Noor

Salam…

Hat dir jemand gesagt,

dass du heute wunderschön aussiehst?

Nun, du siehst wunderschön aus, besonders heute.
Du verdienst es zu wissen.

s.hukr

Fajr und Noor

Sabr ist mehr als Geduld…
Es geht darum, deine Situation zu akzeptieren und
zu wissen, dass mit jeder Erschwernis eine
Erleichterung folgen wird.

s.hukr

Fajr und Noor

Lösche die Flamme des Hasses
aus deinem Herzen, indem du jedem
vergibst, der dir Unrecht angetan hat.

Nicht ihretwillen, sondern in der Hoffnung, dass
Allah dir Barmherzigkeit erweisen wird.

s.hukr

Fajr und Noor

Allah braucht unsere Gebete nicht,
aber wir sind immer auf Allah angewiesen.

s.hukr

Fajr und Noor

Wenn Leute deinen Sabr testen,
nage an deinem Frieden.
Streite nicht.
Spucke kein Gift.

Kümmere dich einfach nicht darum...
Es liegt eine Bosheit darin, gelassen zu sein,

was die Leute nicht verstehen...
Du wirst in Frieden bleiben,
das versichere ich dir.

s.hukr

Fajr und Noor

Es ist besser, keine Freunde zu haben als Freude zu haben, durch die du die Salah verpasst.

s.hukr

Fajr und Noor

Ich habe mich von vielen Freunden getrennt, nur um dem Paradies näher zu sein.

s.hukr

Fajr und Noor

Seltsam, wie du die Dunya verfolgst obwohl sie als Test für Adam gedacht war.

s.hukr

Fajr und Noor

Ich habe nichts gegen 'schlechte' Menschen denn
durch sie könnte ich profitieren, oder
sie profitieren durch mich.

Es wird immer gute und schlechte Menschen
geben, aber ich umgebe mich an erster Stelle lieber
mit Allah, der mich vor dem Schaden bewahrt und
mich dem Guten näher bringt.

Denn oft sind es die 'guten' Menschen, die einen
am meisten verletzen.

s.hukr

Fajr und Noor

Man sagt, dass die Eltern mit ihren Kindern bis
zum siebten Lebensjahr spielen sollten,
die nächsten sieben Jahre unterrichten und danach
ihre Freunde sein sollten.

s.hukr

Fajr und Noor

Wenn die Jannah dein Traum ist,
dann halte dich an deinem Deen.

Lass den Shaytan nicht an dich rankommen.

s.hukr

Fajr und Noor

Die wahre Schönheit einer Frau ist nicht ihre Figur oder ihre Züge, wenn Männer nur wüssten, wie sie mit ihren Herzen

und nicht mit ihren Augen sehen.

Sie würden ihren **Iman**, ihre **Bescheidenheit** und ihre **Loyalität** wahrnehmen.

s.hukr

Fajr und Noor

Einen schönen Menschen erkennt man daran, dass er immer das Schöne in anderen sieht.

s.hukr

Fajr und Noor

Wie kannst du es wagen, jemanden blosszustellen während Allah ihre Sünden verborgen hält.

Was glaubst du, wer du bist?

s.hukr

Fajr und Noor

Aufrichtige Männer tragen
Zungen voller Liebe
für ihre Königinnen.

s.hukr

Fajr und Noor

Meine Augen sind nicht blind,
aber Ich kann nicht sehen, denn mein
Herz ist blind und meine Liebe zu gross.

s.hukr

Fajr und Noor

In der modernen Welt.

Frieden ist ein Luxus,
den sich viele nicht leisten können.

s.hukr

Fajr und Noor

Die meisten Menschen scheinen
an Orte zu reisen, wohin jeder
erwartet hinzureisen.

Aber man sollte dorthin reisen
wo niemand es erwartet.

Erforsche das Unerforschte. Reise,
um Gott zu suchen nicht um
Menschen zu finden.

s.hukr

Traurige Realität:

Für manche Männer sind Frauen schwer zu verstehen. Obwohl Allah ein ganzes Kapitel über sie geschickt hat. **Surah Al-Nisa.**

s.hukr

Fajr und Noor

Diszipliniere dich selbst, bevor du
deine Kinder disziplinierst.

s.hukr

Fajr und Noor

Diese haram Beziehung,
diese fluchende Zunge,
die tratschende Mentalität,
diese materialistische Liebe,
die respektlose Haltung,
der lüsterne Blick,
der gierige Appetit,
die vernachlässigte Salah,
dieser dreckige Stolz
ist nicht angemessen für einen wahren Gläubigen.

Wo ist deine Salah?
Dein fasten? Dein Quran?
Dein Benehmen? Deine Ehre?
Deine guten Absichten?
Deine attraktive Bescheidenheit?
Deine freundliche Zunge? Deine Demut?
Deine aufrichtige Liebe ? Dein dankbares Herz?
Deine Liebe für Deen? Dein grosszügiges
Lächeln? Dein charmanter Charakter?

Oh Mulsim, wo bist du nur?

s.hukr

Fajr und Noor

Lass deine Liebe zu jemandem nicht mehr
sein, als deine Liebe zu Allah.

Manchmal, wenn du jemanden zu sehr
liebst, wird Er sie dir wegnehmen, nur
um zu sehen, wen du am meisten liebst.

s.hukr

Fajr und Noor

Sei dir bewusst, dass deine Zeit kostbar ist.

Nutze sie weise für dich selbst, damit du eine Ewigkeit im Paradies verbringen kannst.

s.hukr

Fajr und Noor

Ich rate jeden jungen Menschen, Zeit mit dem Quran zu verbingen und es zu verstehen.

Wenn du es wirklich verstanden hast, würdest du es nur für Allahs Wohlgefallen praktizieren und nicht um eine Gegenleistung zu erhalten.

s.hukr

Fajr und Noor

Menschen mit einem jungen Herz und
einer alten Seele lieben am tiefsten.

s.hukr

Fajr und Noor

Jobs füllen deine Tasche, aber
Abenteuer erfüllen deine Seele.

Die Falschen werden dir sagen;
es reicht mit dir.

Die Richtigen werden dir sagen,
du bist ein Abenteuer.

s.hukr

Fajr und Noor

Danke, dass du dieses Buch gelesen hast.

Ich hoffe es hat dir gefallen und

meine Worte konnten nützlich für dich sein.

Möge Allah immer gnädig mit dir sein und dich auf den geraden Weg führen. Ameen.

Mit besten Grüssen,
s.hukr

P.S Wenn dir dieses Buch gefällt, empfehle es bitte weiter und teile es mit anderen und vielleicht verdienst du dir eine gute Tat damit.

P.S.S Wenn dir dieses Buch gefallen hat, solltest du dir auch meine anderen Bücher ansehen.

fajrnoor.com.au

S.hukr Books

1. Fajr and Noor

2. Through His Eyes

3. Noor upon Noor

4. Slice of Paradise